O DEUS ESCONDIDO

Dados Internacionais de Catalogação na Publicação (CIP)
(Câmara Brasileira do Livro, SP, Brasil)

Miranda, Mario de França
O Deus escondido : A pertinência do cristianismo no mundo atual / Mario de França Miranda – Petrópolis, RJ : Vozes, 2023.

1ª reimpressão, 2023.

ISBN 978-65-5713-816-8

1. Cristianismo 2. Deus (cristianismo) I. Título.

23-146853 CDD-200

Índices para catálogo sistemático:
1. Cristianismo 200

Eliane de Freitas Leite – Bibliotecária – CRB 8/8415

O DEUS ESCONDIDO

A pertinência do cristianismo no mundo atual

MARIO DE FRANÇA MIRANDA

Petrópolis

© 2023, Editora Vozes Ltda.
Rua Frei Luís, 100
25689-900 Petrópolis, RJ
www.vozes.com.br
Brasil

Todos os direitos reservados. Nenhuma parte desta obra poderá ser reproduzida ou transmitida por qualquer forma e/ou quaisquer meios (eletrônico ou mecânico, incluindo fotocópia e gravação) ou arquivada em qualquer sistema ou banco de dados sem permissão escrita da editora.

CONSELHO EDITORIAL

Diretor
Volney Berkenbrock

Editores
Aline dos Santos Carneiro
Edrian Josué Pasini
Marilac Loraine Oleniki
Welder Lancieri Marchini

Conselheiros
Elói Dionísio Piva
Francisco Morás
Gilberto Gonçalves Garcia
Ludovico Garmus
Teobaldo Heidemann

Secretário executivo
Leonardo A.R.T. dos Santos

Editoração: Fernando Sergio Olivetti da Rocha
Diagramação: Daniela Alessandra Eid
Revisão gráfica: Luciana Quintão de Moraes
Capa: Renan Rivero

ISBN 978-65-5713-816-8

Este livro foi composto e impresso pela Editora Vozes Ltda.

SUMÁRIO

Cristianismo e futuro da humanidade, 7

1 Deus ausente do mundo secularizado?, 21

2 Um só Deus?, 51

3 Um amor fraterno universal?, 75

Bibliografia básica, 99

CRISTIANISMO E FUTURO DA HUMANIDADE

Vivemos hoje uma situação inédita na his tória da humanidade. Transformações profundas a caracterizam como uma autêntica mudança de época, trazendo desafios decisivos para o próprio futuro do planeta. Os valores tradicionais, que garantiam a convivência social, a vida familiar e a compreensão mútua entre os povos, vão cedendo lugar a objetivos de cunho econômico, a pressões por eficácia e por lucros. De fato, presenciamos uma hegemonia do fator "economia" em toda a vida do planeta. Desse modo, o próprio ser humano passa a segundo plano e se vê sacrificado em função da produtividade e do capital. Consequentemente, aumenta a concentração das riquezas em mãos de uma minoria, juntamente com o crescimento das desigualdades sociais e da própria miséria no mundo. Guerras e violências explodem, fazendo-nos vislumbrar um cenário futuro de tragédia mundial.

Não negamos os avanços da ciência e da técnica, que debelaram enfermidades e epidemias, que incentivaram a produção de alimentos, que difundiram por toda parte o conhecimento, que aproximaram as culturas e as religiões, que nos proporcionaram uma consciência planetária inédita na história da humanidade. Tudo isso é verdade, mas não consegue nos trazer paz e segurança, esperança e felicidade, quando confrontado com os desafios que ameaçam o futuro da humanidade.

Fala-se hoje da crise do sistema democrático que, embora sujeito a melhorias, era visto com aprovação, pressionando regimes monocráticos a se aperfeiçoarem. Ao ser questionado, ele favorece totalitarismos e populismos que julgávamos pertencer definitivamente ao passado.

A inimaginável importância dos meios modernos de comunicação facilita sobremaneira a difusão de inverdades e a polarização de grupos ideológicos na sociedade.

Certamente um cenário preocupante que tem provocado a reflexão de muitos, não só para explicar como aqui chegamos, mas principalmente como podemos sair deste impasse. A figura e a atuação do Papa Francisco em favor da justiça e da paz, incentivando pontes e abatendo muros, leva-nos a perguntar sobre o papel das religiões diante dessa tragédia anunciada. Não podemos negar as guerras religiosas do passado, embora vistas em suas causas mais profundas, mais motivadas por razões de cunho político e econômico do que devido às crenças religiosas.

As religiões se impuseram e ainda se impõem em nossos dias por apresentarem ideais de paz, de harmonia, de valores altruístas, de convivência social, relativizando falsos absolutos e motivando seus seguidores a viverem fraternalmente. Esta afirmação permanece válida, mesmo com os desvios e as contradições do passado.

Nas páginas seguintes tentaremos responder como o cristianismo pode contribuir para uma maior convivência pacífica de todos os povos da Terra. Podemos já adiantar que ele não só pode, mas deve fazê-lo. Pois a mensagem de Jesus Cristo sobre o Reino de Deus já traz em si um início de realização *no interior da história*, e o Reino de Deus acontece já neste mundo, embora tenha sua realização perfeita e definitiva na outra vida. Não se trata de um sonho utópico, pois é uma realidade já experimentada na própria história humana. Já que a salvação prometida por Jesus Cristo tem início neste nosso mundo, o cristianismo deve promover sempre a vida, a paz e a justiça. Na tradição passada este ideal se concretizou na abertura de obras assistenciais como hospitais, leprosários, asilos e escolas. Hoje se trata de defender o próprio ser humano, em sua dignidade, diante do rolo compressor de uma economia que o deprecia.

Também é inerente ao cristianismo uma pretensão à *universalidade*, pois todo o seu sentido é propagar e realizar a paz e o amor fraterno por todo o mundo na fidelidade à pessoa e à mensagem de Jesus Cristo. Portanto, o imperativo desta missão lhe é intrínseco. Porém, esta missão deve ser levada a cabo em nossos dias, não como no passado, ignorando culturas e religiões, mas no respeito à diversidade cultural e religiosa, em vista de um enriquecimento mútuo das próprias religiões em diálogo. E volta outra vez a pergunta: O que pode fazer o cristianismo por um futuro menos preocupante para os próprios seres humanos?

Entendemos por cristianismo a configuração histórica que assume a fé cristã em consonância com o quadro sociocultural no qual se encontra, pois a fé cristã é professada e vivida em cada época com a linguagem disponível e a organização institucional respectiva. Aqui já podemos entrever a distinção entre a fé cristã como opção consciente e livre no Deus revelado por Jesus Cristo – opção professada e vivida pelo fiel – e as expressões visíveis desta fé nos enunciados doutrinais, nas celebrações de culto – sobretudo sacramentais – e nas próprias comunidades dos que creem. Aqui temos o que caracterizamos como o *cristianismo* enquanto realidade social e histórica.

Como toda realidade humana presente na história, também o cristianismo adotará a linguagem e a organização institucional condizentes com a época. E o faz para que a fé cristã, a mensagem evangélica, possa ser compreendida e acolhida por seus contemporâneos. É o que nos comprova sua longa história sempre animada e impulsionada por sua missão evangelizadora. Assim, seu rico passado apresenta expressões, devoções, celebrações e práticas igualmente imortalizadas nas pinturas, nas esculturas e nas construções sagradas. Contudo, pertinentes em seu tempo podem se tornar não mais significantes, ou seja, herméticas e inócuas para indiferentes gerações posteriores.

O cristianismo sempre se entendeu como uma comunidade missionária, voltada para a sociedade, jamais como uma seita ou um gueto. Daí a tensão que sempre o atravessou entre a manutenção de sua identidade – recebida da tradição – e o imperativo de ser uma presença *significativa* e atuante no respectivo tempo. De certo modo, já encontramos esta tensão em seus primeiros anos, presente na disputa entre Pedro e Paulo acerca das prescrições e dos ritos judaicos.

Sua missão de ser fermento na massa, luz para o mundo e sal da terra foi impetuosa e mesmo heroica nos primeiros séculos, em vista da perseguição por parte das autoridades romanas. Ao ser elevado à religião oficial do império, então se vê assemelhado à antiga religião romana, condescendente com a diversidade religiosa de então, mas submissa ao imperador. Assim, irá usufruir de todas as vantagens e privilégios de uma religião oficial em vista de preservar e fortalecer a unidade do império. Esta função se manterá ativa nos séculos seguintes, ao oferecer ao continente europeu um fundamento comum que garantisse sua unidade política.

Sua ampla influência na sociedade e na cultura dos séculos posteriores dará nascimento à época da *Cristandade*, na qual a fé cristã estará presente em todos os setores da sociedade. Portanto, os desafios de então emergirão de dentro do próprio cristianismo, provocando debates acalorados, vistos hoje como secundários quando confrontados com os que temos em nossos dias.

Pois experimentamos hoje o fenômeno da *secularização* da sociedade. Não se trata de uma teoria ou de uma ideologia, mas simplesmente de uma *realidade*. Nascida do desenvolvimento das ciências exatas e humanas, que se compreendem e se regulam sem o recurso a Deus, entendido então como o Deus do deísmo, onipotente e distante da vida dos humanos. Naturalmente, a atual sociedade secularizada e pluralista contrasta claramente com a sociedade ocidental do passado, inserida numa abóboda cristã que atingia todos os setores da vida de seus habitantes.

A nefasta separação entre natureza e graça ou entre o profano e o sagrado, numa compreensão teológica e não apenas sociológica, também contribuiu para a atual secularização. Pois nela Deus se encontra no âmbito "religioso" e não no amplo setor da vida cotidiana (família, trabalho, lazer etc.) que se vê privado de um sentido existencial e de um valor salvífico próprio.

Este quadro se vê agravado pela linguagem arcaica utilizada pelas autoridades religiosas nas pregações, nas celebrações, nos ensinamentos doutrinais e também pela conservação de estruturas e organizações do passado, fortemente hierarquizadas e hoje rejeitadas por uma sociedade mais participativa e democrática.

A reflexão elaborada por teólogos já na metade do século passado trouxe frutos para o cristianismo, sedimentados em parte nos textos do Concílio Vaticano II e concretizados nos anos seguintes nas reformas litúrgicas, na maior participação do laicato na Igreja, no respeito à diversidade cultural, no âmbito ecumênico e inter-religioso e na reforma estrutural do centro administrativo da Igreja. Tudo isto em meio a reações contrárias, motivadas seja pelo medo da novidade por parte de uns, seja pelo apego ao poder por parte de outros.

Reconhecemos a riqueza da *religiosidade popular* com suas devoções, expressões e práticas características, sem dúvida um solo fecundo para que a mensagem cristã possa frutificar e ser transmitida a outras gerações. Mas o que se passa hoje nos países do Hemisfério Norte e em nossas metrópoles, quando os pais não mais conseguem transmitir sua fé a seus filhos, alerta-nos para a necessidade das transformações em curso.

Enquanto o cristianismo se apresenta como o sentido último da realidade, da humanidade e da história, sua presença – evanescente em algumas regiões do planeta – representa sem dúvida uma perda para o desempenho de sua missão. Num passado ainda recente não se podia imaginar uma sociedade ocidental sem uma referência explícita a Deus, ou sem um respeito a comportamentos provindos da fé cristã. Desaparece Deus da sociedade ou apenas se abandona uma *representação de Deus*, forjada no passado e rejeitada pela atual cultura? É possível mostrar Deus realmente presente, embora *de outro modo*, na atual e futura sociedade humana? Esta temática será abordada no primeiro capítulo.

Por outro lado, os desafios enfrentados hoje pela humanidade atingem todo o planeta devido à mútua dependência de recursos naturais, de alimentos, de conquistas científicas e técnicas, ou mesmo devido à repercussão mundial de guerras, de catástrofes naturais ou de mudanças climáticas locais. Nunca o planeta esteve tão interconectado, como nunca antes na história se viu uma consciência planetária como a que temos hoje.

Todos os habitantes da Terra devem estar empenhados na conservação e na salvação da *casa comum*, já que não existe um plano B em caso de fracasso. Neste novo cenário da história humana nos perguntamos pelo papel do cristianismo como força motivadora e transformadora em vista de uma humanidade mais unida e fraterna. E não só do cristianismo, mas também das demais religiões. Haveria nele componentes essenciais também encontrados nas demais, portanto elementos *universais*, que justificariam um empenho de todos por um melhor futuro do planeta?

Vemos nas religiões dois componentes comuns fundamentais que nos possibilitam uma resposta a esta questão. O primeiro deles é a crença, a invocação, a obediência e o culto de uma *realidade transcendente*, não produto humano, caracterizada em muitas delas como Deus ou mesmo com outras denominações. Afinal, trata-se da mesma realidade presente nas várias religiões, mas invocada e representada com diferentes nomes? Esta temática será tratada no segundo capítulo.

Outro elemento comum, presente nos seguidores das diversas religiões, diz respeito ao *comportamento do ser humano* decorrente de sua fé num transcendente, que se manifesta no culto, mas principalmente numa ética que estrutura a própria existência pessoal do indivíduo. Haveria nesta modalidade de vida algum componente básico, encontrado nas diversas religiões, que também pudesse ser caracterizado como de valor universal? Este ponto será objeto de reflexão no terceiro capítulo.

Deixemos bem claro que nossa reflexão se situa no âmbito da fé cristã, é um estudo de cunho teológico. Impõe-se consequentemente a pergunta se o Transcendente presente nas religiões é o Deus dos cristãos. Igualmente se a conduta de vida pode ser também denominada de amor fraterno, como a caracteriza a fé cristã. Perguntas que apontam para a complexidade do nosso tema, mas que são de enorme importância para o futuro da humanidade. Portanto, não podem ser omitidas neste livro, embora com respostas primeiras que exigem estudos ulteriores.

1
DEUS AUSENTE DO MUNDO SECULARIZADO?

Como já se afirmou no passado, a crise de Deus não é propriamente de Deus, mas de sua representação, que, por ser humana e histórica, pode se tornar antiquada, incompreensível e problemática para gerações posteriores. Pois Deus é apenas um vocábulo para expressar inadequadamente uma realidade que ultrapassa o conhecimento humano. De fato, enquanto fundamento último de toda a realidade, não pode ser parte da mesma como qualquer outro objeto do conhecimento humano. Nesse sentido dizemos que Deus é *mistério*, inalcançável, indizível, inapreensível, inconcebível, irredutível a qualquer imagem ou conceito.

Como já aparece no Antigo Testamento, Ele não pode ser nomeado, pois do contrário já estaria sob o domínio do conhecimento humano (Ex 3,14), seria apenas parte da nossa realidade e não mais o seu fundamento. Como sempre buscamos expressar algo existente, também atribuiremos a Deus determinados vocábulos ou representações sem que consigam abarca-lo ou defini-lo. Se afirmarmos que Deus é bom, devemos logo acrescentar que não é bom como os seres humanos, e sim de uma bondade que não conseguimos captar; supereminente, como se dizia. O mistério permanece.

Constatamos no ser humano esta indagação por uma realidade superior diante das ameaças indomáveis da natureza, dos sofrimentos inevitáveis da condição humana, da consciência da morte futura. Mais recentemente, devido à virada antropológica da filosofia, o ser humano cai na conta da abertura infinita de seu conhecimento para com tudo o que existe e de sua liberdade para com tudo que seja bom e digno de ser querido. Trata-se de um *dinamismo interior*, jamais satisfeito, mas a demonstrar quão próximo estamos do infinito, do mistério, sempre presente em qualquer conhecimento finito (que pode ser ultrapassado por outro) e em qualquer bem desejado (que não sacia plenamente nossa aptidão de amar).

Portanto, a ideia de Deus surge quando refletimos sobre a *totalidade* da realidade. Por que existe tudo o que existe? Como deve ser tal totalidade sustentada continuamente por seu fundamento? Como este atua numa realidade que é dinâmica, que evolui e se transforma continuamente?

Neste ponto já deve estar claro que todo discurso sobre o que denominamos Deus é apenas aproximativo; análogo, como se afirmava no passado. E como todo conhecimento humano provém dos sentidos – ou das experiências, como diríamos hoje –, assim também as muitas invocações a Deus nas diferentes culturas e religiões. Consequentemente, novas experiências podem revelar novas facetas de Deus.

Este fato é comprovado pelo Antigo Testamento, que apresenta rasgos sucessivos de Deus conforme o povo judaico passava por novas situações – como a libertação do Egito –, ou a chegada à Canaã para uma vida não mais nômade, porém dedicada à agricultura, ou ainda como o Deus que ressuscita os mortos (Ez 37,1-14; Dn 12,2; 2Mc 7,9.11.22). Jesus Cristo nos revela em suas palavras e ações um Deus misericordioso, a quem chamava de Pai, fruto de sua experiência pessoal.

E a própria história do cristianismo nos apresenta uma sucessão de representações de Deus, conforme os contextos socioculturais e as vicissitudes experimentadas. À semelhança dos monarcas antigos serão atribuídos a Deus traços que o configuram como todo-poderoso, ou vigilante, ou responsável pelas calamidades e epidemias vistas como castigos divinos, ou ainda como um Deus distante da sua criação (Deus do deísmo).

Daí surgirem os ataques causados por estas representações. Se Deus é onipotente, como não evita o mal e o sofrimento no mundo? Se não consegue debelá-los, então não é onipotente. Além disso, o uso corriqueiro do termo "Deus" acaba por esvaziar seu sentido original, imaginando-o como uma força cósmica impessoal que atinge toda a realidade.

O advento de uma sociedade pluralista, com setores do conhecimento que dispensam a hipótese Deus para se compreenderem e regularem, gerando âmbitos sociais "secularizados", acaba por invadir toda a cultura, dominada por outros interesses e preocupações, ocasionando um verdadeiro esquecimento ou desaparecimento de Deus na vida social cotidiana. Este fenômeno já pode ser observado em países do Hemisfério Norte, sobretudo entre as gerações mais jovens.

A secularização é um fenômeno nascido do progresso científico, que proporcionou explicações convincentes a enigmas da natureza ou a reações humanas sem lógica, outrora atribuídas a Deus por serem inexplicáveis. Certamente veio para durar, desafiando a fé cristã a se repensar e se reformular diversamente, por estar moldada num imaginário de outra época. Trata-se, como dizemos hoje, de uma questão de linguagem (num sentido amplo).

Como a fé necessita da escuta da Palavra de Deus e como esta deve ser entendida para poder ser acolhida, aparece já claramente a importância da linguagem para o próprio cristianismo. Hoje não aceitamos mais o que se deu no passado: a evangelização era realizada ignorando a cultura local ou a linguagem dos povos situados fora da Europa. Onde esta cultura nativa era suficientemente forte e presente na religião do lugar a evangelização pouco conseguiu, apesar do enorme envio de missionários e recursos materiais, como a história nos comprova.

Hoje se impõe o imperativo da inculturação da fé, embora sua realização concreta encontre resistência devido à inércia da tradição e ao desafio da novidade. Porém, o fenômeno da secularização, embora diversamente presente no mundo, constitui hoje um sério desafio à missão do cristianismo. Ele tende a excluir do cotidiano, da vida real, qualquer referência de cunho religioso que pouco significa, já que não é entendido e menos ainda pertinente para o atual imaginário social secularizado.

A religiosidade popular que encontramos por toda a parte atesta a importância de uma fé expressa na cultura das pessoas. Por um lado, representa a necessidade da inculturação da fé, mas, por outro, denuncia a recusa destas pessoas em acolherem uma linguagem religiosa oficial que elas pouco entendem e pouco lhes ajuda em sua vida cotidiana.

Consequentemente, estamos hoje diante de uma séria questão para o cristianismo. Como pode Deus estar presente e ser alguém significativo para nossos contemporâneos, sobretudo para os mais jovens, alheios às invocações, confissões, celebrações tradicionais que não entendem e pouco lhes diz para suas vidas?

Certamente, uma das razões deste impasse está na pouca insistência e valorização da ação do *Espírito Santo* na vida dos cristãos que constatamos na tradição cristã ocidental. O discurso magisterial concentrado na pessoa de Jesus Cristo, sobretudo no aspecto doutrinal de sua vida e pregação, deixará em segundo plano a presença atuante do Espírito Santo. Insistia-se mais nas verdades doutrinais do que na ação do Espírito nos cristãos, cuidava-se mais da ortodoxia das expressões do que da experiência mística que as mesmas evocavam.

Igualmente no passado a ação do Espírito Santo se limitou à esfera da vida espiritual e mesmo assim com certa desconfiança, devido ao surgimento de pessoas exaltadas e perturbadoras da ordem que se diziam carismáticas e animadas pelo Espírito Santo.

Hoje reconhecemos uma ação mais ampla do Espírito Santo, pois a própria Bíblia atesta sua presença ativa na criação do mundo, já que o "espírito de Deus pairava sobre as águas" (Gn 1,1). Também o Profeta Ezequiel apresenta-o como a força de Deus que produz vida (Ez 37,5-14), igualmente expressa no salmo: "Se lhes tira o espírito, perecem e voltam ao pó. Envia teu espírito, eles são criados e renovas a face da terra" (Sl 104,29s.).

Esta atividade vivificadora do Espírito explica sua presença nas manifestações provindas de carismas. Não só na inspiração do profeta, mas também na criatividade do artista, no texto do poeta, na descoberta repentina de uma verdade, na ousadia de um compromisso moral, na colaboração solidária em favor da vida. Nesta tradição se encontra o Apóstolo Paulo quando atribui ao Espírito o poder de dar vida, de ressuscitar os mortos (Rm 8,11). Igualmente Paulo constata a presença atuante do Espírito Santo na fé (1Cor 12,3) e na vivência das primeiras comunidades cristãs (Rm 8,9-17; Gl 5,25).

Aprendemos que o mundo todo não só foi criado por Deus, mas que é também Deus quem o conserva na existência, tradicionalmente chamada de *criação contínua*. No entanto, tanto a criação quanto o próprio Deus eram imaginados de modo estático. Hoje sabemos que a própria criação se encontra em *permanente evolução*, sempre em movimento de expansão e de concentração, seja em suas partículas mais elementares, seja num inconcebível universo continuamente a se dilatar.

O Espírito Santo representa a força de Deus em ação no mundo em evolução. Por se tratar de Deus, é um dinamismo envolvido em mistério, que requer um olhar qualificado para ser notado, como tiveram Francisco de Assis, Inácio de Loyola ou Teilhard de Chardin. Ou mesmo Paulo ao reconhecer o gemido das criaturas esperando sua libertação (Rm 8,19-22).

Já que não somente a humanidade, mas igualmente a natureza, se encontra numa evolução contínua sob o dinamismo do Espírito Santo, também esta última tem sua história, já que é um sistema aberto, não só sujeito às leis da causalidade, mas também às leis da probabilidade. Pois esta evolução acontece num campo de possibilidades sem que antecipadamente possam ser determinadas suas concretizações.

A história da humanidade é igualmente um sistema aberto, pois o dinamismo do Espírito Santo respeita a liberdade humana, cujas opções não podem ser previamente determinadas. Desse modo consideramos toda a realidade sob a ação do Espírito de Deus; ou, com outras palavras, em toda a realidade há uma *pre-*

sença ativa de Deus por meio do dinamismo de seu Espírito.

Falta-nos, entretanto, caracterizar a *meta* deste dinamismo. A ação do Espírito Santo na pessoa de Jesus Cristo foi a de levá-lo a dedicar toda sua vida à propagação e realização do que Ele chamava de *Reino de Deus*. Implicava acolher o domínio ou a vontade de Deus em fazer de toda a humanidade a sua família, vivendo no amor e na justiça como filhos e filhas do mesmo Pai.

Consequentemente, todas as ações humanas que promovam mais amor, compreensão, paz, justiça, partilha de bens, compaixão, solidariedade, são ações movidas pelo Espírito atuante de Deus (*Gaudium et Spes* 34). Igualmente a descoberta de vacinas, de terapias para o corpo ou para a mente, de organizações sociais mais dignas, de sistemas de pensamento que favoreçam a mútua compreensão e promovam a vida, sem deixar de mencionar obras de arte (escultura, pintura, música) que elevam nossos sentimentos e aspirações para o bem.

A ação contínua do Espírito Santo já tende a *antecipar* a realização última da história da natureza e da humanidade, que tradicionalmente caracterizamos como a salvação definitiva na vida eterna em Deus. O Reino de Deus pleno já se inicia neste mundo e em sua história.

Daqui uma importante conclusão: o Deus transcendente é também o *Deus imanente*, envolvido enquanto tal em mistério, apenas por nós vislumbrado, mas atuante em nossa história.

Vejamos como podemos vislumbrá-lo. Todo conhecimento humano implica não somente o que denominamos "realidade objetiva" que se apresentaria a nossa percepção tal como é, porque também resulta sempre de uma "abordagem subjetiva". De fato, a realidade somente se desvenda para nós a partir da pergunta que lhe fazemos ou do que nela buscamos. O conhecimento humano é sempre um evento ou um encontro do que buscamos na realidade, já que parte sempre do âmbito próprio de nossa indagação, hoje conhecido como nosso horizonte de compreensão.

A mesma realidade pode oferecer respostas diferentes conforme os diversos ângulos das perguntas. Uma determinada chave de interpretação poderá atingir um conhecimento inacessível à outra chave de leitura, pois todo conhecimento humano é conhecimento interpretado. Desse modo se explicam as diversas ciências, tanto relativas ao ser humano quanto à natureza: química, física, biologia, psicologia, filosofia etc.

Também a *fé cristã* consiste num horizonte de compreensão da realidade. Ou, com outras palavras, olhamos o mundo em torno de nós com o olhar de Jesus Cristo. Ele é para o cristão o *intérprete decisivo* em sua compreensão da natureza e da humanidade. Consequentemente, Ele nos revela dimensões desconhecidas da realidade, ilumina fatos obscuros, explica situações inóspitas, incute esperança em momentos críticos, transfigura a morte inevitável num momento de plenitude e de vida.

Tudo o que afirmamos anteriormente sobre a presença atuante do Espírito Santo na natureza e na humanidade *brotou da fé*. Quanto maior esta fé, quanto mais realmente vivida, tanto maior será nossa percepção dessa dimensão mais profunda do real. Os autênticos místicos não inventam; apenas constatam, embora experimentem sérias dificuldades em descrever o que experimentaram, recorrendo a metáforas e expressões poéticas.

Como se trata da presença ativa de Deus, que é e será sempre um mistério para o ser humano, não se consegue um conhecimento como os demais, pois Deus jamais poderá ser objeto de conhecimento simplesmente por ser Deus, infinito e transcendente. Porém sua ação pode ser captada pelo ser humano como nos atestam na Bíblia os patriarcas, os profetas, os salmistas, bem como os apóstolos Paulo e João em seus escritos. Embora apresentem gêneros literários diferentes, a fonte é a mesma, diversamente captada e expressa nos vários textos bíblicos.

Abordar tais textos apenas numa perspectiva histórica, sociológica ou cultural significa deformá-los e não atingir sua verdade, embora o conhecimento destas mediações humanas do mistério nelas latente muito ajuda a devidamente percebê-lo. Entretanto, decisivo aqui é o horizonte de interpretação, a chave de leitura que nos abre para esta dimensão profunda da realidade onde *continuamente atua o Espírito Santo*.

Hoje não mais podemos negar que toda a realidade na qual vivemos – seja ela mineral, vegetal, animal ou humana – se encontra em contínua evolução, pelo desgaste dos anos ou pela necessária adaptação aos novos desafios, que estimulam reações instintivas ou soluções racionais. A espantosa evolução do universo, o aparecimento de novas espécies de seres vivos, o sempre almejado equilíbrio ecológico, a luta contínua pela paz universal em meio às tensões e aos conflitos, tudo está em movimento, tudo é perpassado por um *dinamismo* que pressentimos, mas não conseguimos encerrá-lo em nosso conhecimento.

Como já observamos, numa sociedade cada vez mais secularizada as representações tradicionais de Deus não mais conseguem desempenhar seu papel. Erradamente se fala de uma ausência de Deus, quando de fato é sua representação tradicional que se esvaneceu, pois Deus continua presente e ativo na humanidade e na natureza. Seu dinamismo tem por meta a implantação do que Jesus chamava de Reino de Deus ao estimular o esforço humano em vista de uma sociedade de amor e de justiça.

As opções livres em vista desta meta, por mais simples e anônimas que sejam, contêm em si mesmas a presença atuante do Espírito de vida, a presença atuante de Deus. São ações desinteressadas, gratuitas, contrárias à lógica do lucro e do poder, mas ações significativas por sintonizarem com o dinamismo do Espírito; são ações gratificantes, pois seus autores experimentam sentimentos de paz, bem-estar, felicidade e alegria nos quais Deus se manifesta.

Esta percepção da ação do Espírito Santo explica a teimosia dos santos e das santas em suas iniciativas em vista do Reino de Deus, mesmo quando não eram entendidos e mesmo perseguidos pelas autoridades da Igreja. Naturalmente, como se trata de uma percepção subjetiva, enganos ou ilusões sempre podem acontecer. Daí a necessidade do discernimento como já alertava São Paulo (1Ts 5,21).

A experiência pessoal de Inácio de Loyola levou-o a orientar outros a buscarem e encontrarem a Deus em todas as coisas, a captarem a dimensão mística de toda realidade, a valorizarem as consolações espirituais sempre prenhes de orientações para a vida, a buscarem a imprescindível liberdade para não emudecerem ou deformarem a ação divina.

Seus *Exercícios espirituais* têm por meta libertar a pessoa de suas afeições desordenadas e das ilusões do egoísmo, para lhe possibilitar assumir a postura de Jesus Cristo, unindo-se a Ele na missão de implantar o Reino de Deus, acolhendo o dinamismo do Espírito Santo presente em toda a realidade. Captar esta ação permanente do Espírito, que não se limita ao setor religioso da vida, e procurar acolhê-la constitui a meta desta espiritualidade. "Buscar e encontrar Deus em todas as coisas" define bem o projeto inaciano de vida.

Apesar de podermos encontrar setores sociais ainda impregnados de forte religiosidade, a sociedade atual se apresenta cada vez mais secularizada. Em parte devido às tradicionais representações de Deus e à linguagem antiquada da Igreja que pouco significa para nossos contemporâneos. Daí a questão: Onde encontrar Deus numa sociedade sem Deus?

Os discursos eclesiásticos soam estranhos aos ouvidos atuais. Igualmente as celebrações sacramentais impregnadas de teologias já ultrapassadas e de expressões herméticas para nossos contemporâneos. As realidades do cotidiano, vividas pelos cristãos, não se acham presentes nas celebrações oficiais. Não sem razão o povo mais simples cria suas próprias celebrações que melhor expressam sua realidade e sua cultura.

Entretanto, o esquecimento e a ausência de Deus na sociedade secularizada não exclui que Ele nela esteja presente e atuante. Vimos já como a atuação dinâmica do Espírito Santo consiste em levar toda a humanidade a acolher e realizar o Reino de Deus. Com outras palavras, a promover o advento de uma sociedade humana, fraterna, justa. E contemplando, sem preconceitos ou concepções teológicas ultrapassadas, a atual sociedade pluralista, secularizada, altamente diversificada, encontramos iniciativas e ações voltadas para os mais pobres ou impotentes desta sociedade.

E para nosso espanto, tais iniciativas partem, muitas vezes, de pessoas afastadas de qualquer credo religioso, dedicando suas vidas aos demais por simples compaixão ou amor fraterno. Tomo como exemplo, entre muitos outros, a organização internacional Médicos Sem Fronteiras. Alguns de seus membros não seguem apenas instintos humanitários, pois são também atingidos pelo dinamismo do Espírito Santo, de certo modo percebido, mas ignorado por lhes faltar a chave de leitura respectiva, a leitura cristã deste fenômeno.

Esta última se revela mesmo como secundária diante da *realização efetiva* do estímulo vindo de Deus, da sintonia real com o dinamismo do Espírito, do encontro com Deus, genuinamente cristão, embora anônimo. A sociedade secularizada não exclui Deus de seu meio, apenas nos obriga a descobri-lo numa *presença diferente* das anteriores, não mediada pela linguagem religiosa, mas real e ativa na linguagem *simplesmente humana*.

A Parábola do Bom Samaritano (Lc 10, 29-37) ou a cena do juízo final exposta por Jesus (Mt 25,31-46) atestam que a moldura religiosa é secundária quando uma ação autenticamente cristã é realizada, isto é, uma ação que sintoniza com o amor de Deus derramado em nossos corações pelo Espírito Santo (Rm 5,5). Ação verdadeiramente cristã, embora desprovida de um revestimento religioso. Trata-se de *outra modalidade* da presença de Deus na sociedade atual.

Certamente os que as executam sentem-se "de dentro" movidos a executá-las, experimentam a ação divina sem poder nomeá-la, vislumbram a proximidade do mistério, pressentem a confirmação interior de que optaram corretamente, vivem sentimentos de felicidade e de realização humana em meio às dificuldades que encontram.

Podemos ainda enumerar múltiplas situações em que Deus é uma presença atuante no cotidiano das pessoas: nas exigências da vida familiar ou profissional, nos eventos inesperados, nos desafios da convivência social, nos apelos do próximo em necessidade, na paciência em lidar com pessoas difíceis, ou na alegria das horas de descanso e de lazer.

Trata-se, de fato, de uma *linguagem diferente*, verdadeiramente cristã, embora não necessariamente religiosa. Não uma linguagem provinda de palavras, mas de ações realizadas. Com outras palavras, trata-se da linguagem do testemunho de um amor fraterno real, de uma compaixão efetiva, de um compromisso altruísta, de uma solidariedade gratificante.

Esta presença dinâmica se afirma mesmo quando é explicitamente rejeitada, gerando uma sociedade desprovida de valores substantivos, de orientações sólidas, de metas humanizantes, em meio a uma enxurrada de discursos interesseiros, comerciais, supérfluos, efêmeros. E se sobrevém uma pandemia, como infelizmente aconteceu, a situação existencial de seus habitantes se agrava ainda mais pelo sentimento do vazio de toda esta parafernália estridente, que distrai mas que não sacia, produzindo angústias, depressões e mesmo suicídios. O afastar-se de Deus sempre nos desumaniza, afirmação esta que vale para todos, também para os cristãos.

Por outro lado, qualquer gesto em favor de uma humanidade de irmãos e irmãs pode significar um *autêntico encontro com Deus*, uma experiência pessoal da ação de Deus em nós, embora mais pressentida do que conhecida, sentida, mas não explicitamente definida.

É de extrema necessidade para o cristianismo constatar a presença atuante de Deus no interior da sociedade secularizada, pois foi construída historicamente a partir de valores cristãos ainda nela presentes e ativos. E não só constatar, mas se apresentar socialmente a partir desses mesmos valores. Trata-se de reinventar teologicamente um cristianismo sociologicamente pós-cristão.

Esta versão do cristianismo, que já teve diversas outras ao longo da história, não significaria dissolver o mesmo, reduzindo-o a uma instância humanizante na sociedade, pois suas raízes históricas – especialmente a pessoa de Jesus

Cristo e sua missão pelo Reino de Deus – continuariam a ser proclamadas como realidades centrais que garantiriam a identidade cristã. Infelizmente, hoje tal núcleo não aparece tão claramente para nossos contemporâneos, que veem a fé cristã submersa numa linguagem doutrinal antiquada, sujeita a uma profusão de normas e estruturada demasiadamente hierarquizada.

Trata-se, portanto, de deixar emergir sinais condizentes com a sociedade secularizada numa nova apresentação doutrinal, moral e litúrgica que respeite as conquistas do passado, mas com a liberdade de expressá-las para os tempos atuais. Mais do que debates teológicos acadêmicos, celebrações imponentes, proibições repetidas, se deveria insistir no *testemunho* de uma vida voltada para o próximo que fornece a identidade do cristão nas palavras de Jesus Cristo: "Nisso conhecerão todos que sois meus discípulos, se tiverdes amor uns para com os outros" (Jo 13,35).

O sinal supremo do cristianismo é a própria *pessoa de Jesus Cristo*, que não pode ser separada de sua missão. Os outros sinais da fé deveriam manifestá-la *mais incisivamente* no anúncio da Palavra de Deus, nos sacramentos e na própria vida da comunidade cristã. No fundo, é o que lhes dá credibilidade no mundo de hoje.

Jesus Cristo foi sinal de Deus não por meio de ritos, normas ou tradições religiosas, mas pelo testemunho de sua vida ao pregar a Palavra de Deus e realizar ações que a confirmavam. Sua fidelidade ao Espírito Santo, que o inspirava e que Ele recebeu em plenitude (Jo 3,34), o fará levar a cabo sua missão salvífica, a implantação do Reino de Deus que já tem início neste mundo.

A realização da vontade de Deus acontece nas próprias relações humanas, no fazer-se próximo ao mais necessitado, no exercício da misericórdia, na atenção a seu semelhante, na vivência do amor fraterno, critério supremo que avaliará nossa existência. E Jesus Cristo viveu numa sociedade profundamente marcada pela religião, sociedade esta que desaparece em nossos dias, dando lugar a outra secularizada, sem referência a Deus no espaço público. Este fato valoriza ainda mais o *modo* como Jesus testemunhou a vontade do Pai e a atuação do Espírito.

Jesus Cristo revelou a Deus como Pai, como amor, como misericórdia, através de sua humanidade, de sua vida para os demais. E igualmente assim revelou também o Espírito, que o animava a tal. Não se pode falar de presença atuante de Deus a não ser no modo realizado por Jesus de Nazaré. Mais uma vez impõe-se aqui uma revisão dos sinais que deveriam mediatizar a presença atuante de Deus: pregação da Palavra, celebrações sacramentais, vida da comunidade eclesial, ação pastoral.

Os sinais são necessários para a identidade do cristianismo. Fundamental é que se deixem modelar pelo sinal ou sacramento primordial da fé cristã, que é Jesus Cristo. Como sinais remetem para além de si, não constituem fins, porém meios. Não podem prescindir do comportamento com o próximo, senão se esvaziam de sentido. Já afirmado pelos profetas em Israel (Os 4,1s.; Jr 22,13-16; Is 1,10-17) e também pelo próprio Jesus Cristo (Mt 5,23s.). Os sinais não devem ser mal-utilizados para tranquilizar consciências ou fornecer satisfações pessoais.

No contexto de uma sociedade secularizada e na inadequada e pouco significativa linguagem religiosa tradicional, assumir a responsabilidade na luta por uma humanidade realmente fraterna e feliz, que parcialmente antecipa a vida eterna em Deus, sintetiza o núcleo da fé cristã na vivência real do amor de Deus derramado pelo Espírito Santo em nós (Rm 5,5). Servir a Deus é servir à humanidade, não há concorrência.

A linguagem da solidariedade efetiva, mesmo prescindindo de motivações religiosas explícitas, atesta a presença atuante do Espírito de Deus para nossos contemporâneos, como comprova o testemunho de vida de Teresa de Calcutá e de tantos outros em nossos dias. Suas ações não se explicam sem uma referência a este mistério que nos envolve e que denominamos Deus. Compete ao cristianismo reconhecer e valorizar a presença atuante do divino no humano. Toda espiritualidade voltada para o próximo, mesmo sem uma referência explícita a Deus, resulta da ação do Espírito.

Encontramos valores cristãos secularizados, mas aceitos e vividos por gerações mais jovens, embora sem qualquer menção a Deus. Há um anseio de fazer o bem, de sair de si, de romper os limites, de encontrar um sentido para a vida. A partir daqui se pode falar de Deus, que está presente no vazio existencial do ser humano. O melhor caminho para uma pastoral é fornecido pelo destinatário da mesma.

Podemos reconhecer as ações que concretizam um amor pelo semelhante como "ações crísticas", porque resultam da ação do Espírito Santo, do Espírito que acompanhou Cristo em sua vida. Tais ações são caracterizadas como "cristãs" se a ação do Espírito Santo é conscientemente reconhecida e professada. Nesse sentido, o cristianismo é uma religião *sui generis* por professar a ação universal do Espírito Santo também fora de seu âmbito.

Porém, o cristianismo não pode ser reduzido a uma ética humanizante, indefinida e infundamentada, pois a práxis cristã tem sua origem na iniciativa de Deus em Jesus Cristo e em seu anúncio do Reino de Deus. Daqui provém sua identidade, sua fundamentação e o sentido dos sinais da fé.

Hoje, infelizmente, muitas vezes encontramos os símbolos cristãos deturpados, carentes de seu sentido original, incapazes de mediatizar um encontro com Deus por serem reinterpretados e reprocessados em perspectivas não cristãs, perdendo assim sua força semântica. Alguns são submetidos ao fator comercial, como o Natal e a Páscoa, outros postos a serviço de solenidades civis, como a Eucaristia, e outros ainda manipulados para finalidades políticas.

Reconheçamos, entretanto, que muitos cristãos chegam realmente a um encontro com Deus através dos sinais tradicionais, como vemos especialmente na religiosidade popular, presente também em outras classes sociais. E conseguem esta experiência salvífica porque dispõem do horizonte de compreensão fornecido por sua fé, que atua como a chave de leitura adequada ao sinal.

Pois todo conhecimento humano passa necessariamente pelos sentidos e nosso relacionamento com Deus não pode prescindir dos mesmos. Textos, estátuas, imagens, músicas, celebrações são componentes indispensáveis para a vivência da fé. Urge, portanto, descobrir e valorizar os sinais que realmente transmitam o evento salvífico de Jesus Cristo para uma sociedade secularizada que carece da ótica de leitura para entender os sinais tradicionais.

Feita esta ressalva que enfatiza o sentido dos sinais tradicionais da fé, a pergunta posta no início (*Deus, onde estás?*) recebe uma resposta bem mais ampla do que poderíamos pensar. Deus se deixa encontrar por qualquer ser humano que segue o dinamismo do Espírito Santo nele atuante (Gl 5,25). Uma presença extraordinariamente universal, uma presença atuante num mundo secularizado!

2
UM SÓ DEUS?

Enquanto *realidade última* do mundo criado, enquanto realidade sempre presente no dinamismo da natureza, na evolução da vida, na história da humanidade, sem estar encerrada no âmbito do finito, já que o atinge e anima em toda a sua totalidade, ela é infinita, impossível de ser objetivada como realidade sujeita ao conhecimento humano; numa palavra, ela nos é mistério inacessível e indisponível.

Sem entrar nos complexos estudos que buscam esclarecer a origem do termo "Deus" para designar este mistério, podemos, contudo, afirmar que este vocábulo implica a totalidade da realidade, a razão fundamental de tudo, seu sentido último que lateja no fundo do coração humano em meio aos afazeres e às preocupações cotidianas que constituem sua vida.

Vivemos do mistério e imersos no mistério. Cada conhecimento, conquistado ou acolhido, revela-nos horizontes desconhecidos que nos surpreendem e intrigam. O verdadeiro sábio é consciente de sua ignorância esclarecida (*docta ignorantia*, como diziam os antigos). Quanto mais conhecemos, tanto mais se torna evidente o que desconhecemos.

Há realidades desconhecidas que serão conhecidas, mas há outras que permanecerão incognoscíveis, que sempre serão mistério, como a origem e o fim do universo, a origem da vida, as evoluções biológicas até o aparecimento do *homo sapiens*. E também nosso próprio cérebro/espírito que produz conhecimento. Sabemos também que os postulados que fundamentam as ciências (axiomas) não podem ser demonstrados.

O mistério está sempre presente em nosso cotidiano, pois nosso conhecimento acontece no interior de um horizonte de compreensão complexo, cujos componentes não podem ser racionalmente fundamentados. No trato com nossos semelhantes nosso conhecimento é sempre limitado e imperfeito, pois não conseguimos penetrar perfeitamente em seu interior; aliás, nem mesmo em nosso próprio.

Enquanto inacessível ao conhecimento humano, o termo *Deus,* se fosse supresso, exigiria outro que abrangesse a totalidade da realidade, que manifestasse vivermos imersos no mistério, já que todo conhecimento finito indica estar voltado para o infinito, pois é limitado, transitório, aberto para mais.

Mas Deus não é completamente inacessível, o "totalmente Outro", pois o dinamismo de nossa inteligência e de nossa liberdade ultrapassa sempre o objeto finito, conhecido ou querido, tendendo para mais, para o infinito, já que capaz de novos conhecimentos ou de novas opções. Este horizonte infinito e inalcançável é denominado "Deus" na opção do que crê.

Desse modo nossa linguagem sobre Deus não pode ser como nossa linguagem cotidiana, já que o infinito só pode ser vislumbrado, mas não abarcado por nosso conhecimento. Consequentemente, toda linguagem sobre Deus é uma linguagem imperfeita, que mais *aponta* para o Transcendente ao qual se dirige do que propriamente o descreve.

Ao afirmar algo sobre Deus, temos que imediatamente negar que seja no sentido usual do termo, limitado ao nosso mundo, e em seguida reconhecer que tal afirmação excede infinitamente o que foi afirmado. Nossas representações de Deus estão sempre sujeitas a erros, correções e a serem ultrapassadas.

E como toda expressão referente a Deus está necessariamente situada num contexto histórico, num determinado entorno sociocultural, não nos deve admirar que as afirmações sobre Deus experimentem desenvolvimentos e enriquecimentos, que vetam qualquer concepção fundamentalista ou tradicionalista da percepção humana de Deus.

Hoje temos uma consciência maior não só do Deus que tudo fundamenta, mas que também atua continuamente em sua criação, na natureza e na humanidade, através do seu Espírito como dinamismo permanente num universo em contínua evolução. Já vimos isso anteriormente. Interessa-nos agora refletir sobre sua ação nos seres humanos.

Já sabemos que é uma atuação *qualificada*, a saber, um dinamismo em função do advento do Reino de Deus, pois foi assim que atuou este mesmo Espírito na pessoa de Jesus Cristo. Sua atividade vai toda na linha de uma convivência humana fraterna e justa. Interessa-nos neste momento compreender melhor como o ser humano percebe esta presença dinâmica do Espírito Santo, numa palavra, de Deus em si próprio.

Já sabemos que não será na modalidade de um conhecimento da realidade finita, na forma de um objeto conhecido, por se tratar do Transcendente, do Infinito. Mas podemos admitir que esta ação divina atinja o mais íntimo do ser humano, seu coração, ou seu núcleo, o qual contém juntas todas as suas faculdades (inteligência, liberdade, memória, imaginação).

Consequentemente, esta ação de Deus será captada no horizonte infinito, sempre presente no exercício da inteligência e da liberdade.

Se não temos um conhecimento explícito da mesma, dela temos, entretanto, certa *consciência*, ou, com outras palavras, vislumbramo-la numa percepção de cunho global: cognitivo, volitivo, afetivo e imaginativo. E ainda temos outro fator importante. Toda percepção, como todo conhecimento, acontece sempre no interior de um *horizonte de compreensão*, como também já vimos antes.

Esta chave de leitura é dada especialmente pelo contexto sociocultural onde vivemos, com suas expressões, seus valores, suas crenças, seus anseios; enfim, pelo que caracterizamos como linguagem num sentido amplo. Inevitavelmente a ação de Deus será captada e tematizada no interior desta linguagem concreta.

Podemos, portanto, distinguir a ação de Deus, anterior à sua percepção na consciência humana, que pode ser *captada diversamente* conforme os respectivos contextos socioculturais, recebendo então expressões condizentes com a linguagem disponível. Observemos, entretanto, que a ação transcendente de Deus só nos é acessível já expressa *humanamente*, a saber, numa determinada linguagem recebida da tradição. Com outras palavras, o "teologal" só se manifesta e revela no "teológico", o transcendente no histórico, o divino no humano. E todo discurso sobre Deus é sempre construção humana, limitada e histórica.

Mas também já vimos antes que as expressões, embora aproximativas, diversas, históricas, contingentes, apenas remetem nosso olhar para além de si próprias, para o mistério que buscam imperfeitamente exprimir. *Sinalizam* uma realidade, mas não são esta mesma realidade.

Enquanto procuram mediatizar a ação contínua de Deus na história humana, são consideradas expressões "sagradas", próprias do âmbito religioso. Contêm em si mesmas não apenas componentes de cunho doutrinal, mas também ético, celebrativo e mesmo institucional.

Neste momento já podemos entender o aparecimento da grande *questão* nesta época do diálogo inter-religioso e de uma maior aceitação mútua das religiões no mundo. Seriam as diversas religiões sedimentações da ação do *mesmo* Deus, em épocas, contextos, tradições ou linguagens diferentes?

A questão é deveras complexa. Vamos avançar passo a passo. Em nossa hipótese encontra-se pressuposta a existência de uma realidade inteligente e livre nas diversas religiões. Estas se diversificariam apenas pelas diferentes compreensões desta realidade comum, subentendida como transcendente, como mistério inacessível em si mesmo, mas captado em sua atividade no mundo.

Naturalmente, a ideia de um transcendente, de um absoluto que concebemos como pessoa, reflete o horizonte ocidental cultural (filosofia grega), ausente em outros contextos culturais do planeta que utilizam outras chaves de leitura e, portanto, ignoram este nosso enfoque. Desse modo, nossa reflexão se fará inevitavelmente no interior da cultura ocidental com suas luzes e suas sombras.

Também devemos reconhecer como pressuposto desta elaboração que ela será de cunho *teológico*, indo além de uma reflexão limitada à filosofia, à antropologia cultural ou mesmo à história. E mais concretamente que a mesma se fundamentará em verdades centrais da fé cristã, pois reflexão verdadeiramente teológica supõe sempre uma determinada tradição religiosa. Uma base comum se situaria fora do âmbito teológico, pois seria filosofia, sociologia, psicologia ou história da religião. E mesmo esta base *comum* não seria tal, devido à diversidade que encontramos no interior destas ciências.

Para a fé cristã este Transcendente se manifesta numa atividade contínua e universal que pode ser captada independentemente de povos, culturas ou religiões. Esta ação é vista no cristianismo como uma doação de si mesmo ao ser humano, como um Deus que vem ao nosso encontro para dar sentido e força a nossa caminhada nesta vida.

Entretanto, esta afirmação pressupõe toda a longa experiência desta ação divina, primeiramente no povo judeu e, posteriormente, no povo cristão, que deu origem à tradição cristã em cujo interior elaboramos nossa hipótese. Portanto, nossa leitura reflete uma determinada perspectiva, como, aliás, todas as leituras que se pretendem teológicas.

A Bíblia nos ensina que a presença atuante de Deus, apenas percebida na consciência humana e sempre "representada" de algum modo, irá receber expressões sucessivas que mantenham a soberania de Deus nos novos eventos e desafios da história. Assim, como já vimos, o Deus de nossos pais será também o Deus libertador (do jugo egípcio), o Deus da fecundidade da terra (em Canaã), o Deus que ressuscita mortos (Macabeus), o Deus Pai misericordioso, que envia seu Filho e o Espírito Santo em vista da nossa salvação.

E mesmo ao longo da história cristã nos deparamos com imagens diversas de Deus, algumas até bem distorcidas (Deus que envia a peste para castigar os pecadores, o Deus do deísmo), outras que mantêm a figura de Deus dominando os novos desafios postos à humanidade (equilíbrio ecológico, expansão contínua do universo, pluralidade de religiões, justiça na sociedade etc.).

E não podemos negar que todos nós evoluímos na imagem que tínhamos de Deus conforme fomos ultrapassando as fases da vida: infância, adolescência, maturidade, velhice. Trata-se do mesmo Deus, sempre bem significativo para nossa vida, mas captado e expresso diversamente, pois nossa experiência pessoal e nosso horizonte interpretativo contribuem para tal evolução.

Trata-se da mesma tradição religiosa que foi incorporando ao longo da história representações de Deus que, afinal, não são Deus, mas que apenas remetem para além de si mesmas, como já observara Tomás de Aquino: o ato de fé não se detém no enunciado, mas tende para a realidade por ele expressa.

E como o ato de fé não se limita ao aspecto cognoscitivo, mas implica uma confiança irrestrita, uma entrega pessoal, que implica *toda a pessoa*, pode se dar esta confiança também por meio de representações menos corretas do Transcendente. Estas não invalidam o ato de fé em si mesmo, como constatamos frequentemente na religiosidade popular. A ação universal do Espírito Santo e o acolhimento da mesma são reais, autênticos, mas não conseguem, por várias razões, suas correspondentes e corretas expressões.

O próprio Cristo relativizou mediações sagradas de Deus (sábado, templo, prescrições rituais etc.), indicando ser o comportamento diante do próprio semelhante a mediação decisiva para responder ao gesto primeiro de Deus (Mt 25,34-46). Certamente uma afirmação de enorme importância para nossa questão, como veremos no próximo capítulo.

Desse modo, a mesma e única ação universal de Deus, a saber, seu gesto de amor através do Espírito Santo (Rm 5,5), inevitavelmente recebe tematizações diversas conforme os diversos contextos socioculturais históricos em que é acolhida, contextos esses também dependentes de tradições religiosas específicas. Este fato abre a possibilidade de que um único e mesmo

Transcendente (que denominamos Deus em nossa tradição judaico-cristã e mesmo islâmica) ser invocado por diversos credos religiosos.

A própria evolução das representações de Deus no interior das religiões abraâmicas nos faz ver com mais compreensão o panteão presente nas religiões politeístas, seja por reproduzir o familiar contexto humano com suas luzes e sombras, seja por invocarem forças indomadas da natureza vistas como superiores à esfera humana. No fundo, representações criadas pelo ser humano na sequência de suas experiências ao longo da história, como se deu também na tradição abraâmica.

Observemos ainda que o ser humano em face do Transcendente inacessível tende a invocar e recorrer a intermediários mais próximos a seu mundo e às suas necessidades, como os anjos na Bíblia, ou mesmo o plantel de santos protetores no catolicismo, ou simplesmente a "divinizá-los" como constatamos nas religiões politeístas.

Para nós, cristãos, a pessoa de Jesus Cristo constitui o ponto mais alto desta série de representações, pois nele temos a revelação última e definitiva de Deus (Hb 1,1-3), como Ele próprio declarou: "Quem me viu, viu o Pai" (Jo 14,9). Toda a sua vida (palavras e ações) nos revelou, embora com termos humanos, históricos, limitados, contextualizados, aproximativos, e análogos, que Deus é um Pai misericordioso, embora ambos os termos peçam uma correção imediata, já que apontam e não desvendam o mistério de Deus.

E como o próprio Cristo em sua pessoa partilha o mistério divino de Deus, também Ele receberá sucessivas expressões ao longo dos séculos, que apenas balbuciam quem Ele realmente é. De fato, as cristologias se sucederam ao longo destes dois milênios de cristianismo e irão continuar devido aos novos horizontes culturais com suas terminologias correspondentes e aos novos desafios históricos.

Esta constatação não invalida as expressões anteriores, bíblicas ou dogmáticas, já que corretas no interior de seus respectivos horizontes de compreensão. As novas expressões não podem contradizê-las, mas apenas traduzi-las para outra linguagem, pois a nossa fé é a mesma dos cristãos que nos precederam.

Entretanto, há uma verdade no cristianismo que independe das linguagens que procuram expressá-la, tanto as que partem do Jesus histórico (ascendentes) quanto as que se originam do Filho eterno de Deus (descendentes). As primeiras falam da glorificação ou ressurreição, enquanto as segundas da encarnação. Mas em seu núcleo dizem o mesmo: Jesus não foi só um grande profeta ou líder religioso, mas o próprio Deus entre nós (Emanuel), mesmo que sejamos incapazes de defini-lo num conceito por estarmos às voltas com o mistério de Deus.

Enquanto personagem histórico, inserido num contexto sociocultural, numa tradição religiosa e numa época bem determinada, Jesus Cristo poderá não ser acolhido por outras religiões que podem se sentir ameaçadas em sua identidade e em sua existência pela fé cristã. São os limites da ação reveladora e salvadora da pessoa de Jesus Cristo.

Porém, a fé cristã nos ensina que Cristo se faz universalmente presente e atuante nas diversas tradições culturais e religiosas através do seu Espírito, do *Espírito Santo*. Seu dinamismo é o de conduzir os seres humanos a Deus Pai (Rm 8,15s.; Gl 4,6) e de viver em sintonia com sua ação como Jesus o fez (Lc 4,16-19). Naturalmente esta ação do Espírito Santo será percebida, seguida e expressa na modalidade do entorno cultural e religioso com sua linguagem própria e disponível. Daí resulta a *possibilidade* do mesmo Deus transcendente, invocado pelos cristãos, também estar sendo invocado por parte dos não cristãos, embora diversamente.

Observemos ainda que para a fé cristã a *conduta de vida*, sobretudo o comportamento em face do próprio semelhante, é condição para um relacionamento autêntico com Deus. Jesus deixou isto bem claro na Parábola do Bom Samaritano (Lc 10,29-37) e na cena do juízo final (Mt 25,34-46). E também ao elogiar a fé de pagãos, como a do centurião romano (Mt 8,10), da mulher cananeia (Mt 15,28) e do leproso samaritano curado (Lc 17,19). Esta verdade cristá receberá sua expressão mais incisiva em São João: "Quem não ama seu irmão, a quem vê, não pode amar a Deus, a quem não vê" (1Jo 4,20).

Pois o Espírito Santo em sua ação universal (Jo 3,8) conduz quem o segue a viver em sintonia com seu dinamismo (Gl 5,25), a saber, viver em sintonia com o amor de Deus que Ele comunica aos corações (Rm 5,5), quando então se abre um *acesso a Deus*, pois só quem ama conhece a Deus (1Jo 4,7). Conhecimento de cunho existencial, místico, talvez envolto em imagens ou representações diferentes das cristãs, mas em sua *intencionalidade* visando o mesmo Transcendente.

O Concílio Vaticano II afirma que "o Espírito Santo oferece a todos a possibilidade de se associarem, de modo conhecido por Deus, ao mistério pascal", subentendendo "os não cristãos" neste *todos* (GS 22).

A transcendência de Deus constitui um mistério permanente para o ser humano, embora este necessariamente o expresse de modo humano, com representações próprias provindas de realidades finitas e, por conseguinte, sempre imperfeitas e incapazes de caracterizar Deus. Daí as transformações históricas das suas representações como vimos anteriormente, causadas por fatores externos que provocaram novas expressões. Hoje, com a proximidade das religiões, com o maior conhecimento das mesmas, talvez o próprio cristianismo possa dispor de outros pontos de vista ou chaves de leitura para melhor caracterizar sua fé em Deus, pois, querendo ou não, estamos situados no interior de horizontes históricos, culturais e religiosos.

Não se trata de relativizar a verdade cristã, mas de respeitar o fato de que ela se "desvela" no curso da história, como nos ensina a própria Bíblia, que pressupõe a comprovação da verdade através de sua realização ao longo do tempo. O vocábulo hebraico *emet* significa basicamente firmeza, consistência, fidelidade. Portanto, a noção bíblica de verdade não pode prescindir do tempo que comprove sua realidade.

Entretanto, a verdade cristã não é fruto de uma elaboração meramente racional, pois a inteligência humana se encontra sempre voltada para o mistério, como vimos anteriormente. Consequentemente, a opção pela verdade cristã *brota da fé* enquanto *livremente* acolhe a oferta de Outro, de Deus, oferta esta que caracterizamos como revelação. Portanto, é uma verdade reivindicada pela *própria fé* e a partir da mesma, que certamente não iria comprometer toda uma vida com o que poderia ser falso. Não se trata assim de uma reivindicação da verdade cristã que desacreditasse as demais confissões religiosas.

Pois o absoluto na história é indemonstrável, exige a opção da fé, porque todo evento é sempre contingente para a razão e igualmente sua pretensão de absoluto. Deus se manifesta no evento histórico, mas não se confunde com ele. O evento é sempre interpretado. Há uma circularidade hermenêutica: Deus que se revela e aquele que o acolhe na fé. A Bíblia oferece uma interpretação da vida e da história a partir da não demonstrável fé em Deus.

Voltando à questão de um único Transcendente invocado nas várias religiões, embora através de mediações diversas. Ao se apresentar como *sentido último*, como referência absoluta,

Ele desautoriza, desclassifica, denuncia e desmascara qualquer realidade intra-histórica que se apresente como única verdade a ser imposta a todos. O Deus transcendente desfaz assim qualquer pretensão de cunho ideológico que se apresente como única e verdadeira leitura de toda realidade, bem como qualquer estrutura social que se julgue absoluta. E, em nossos dias, constitui um fator crítico que desmascara a pretensão universalista dos que vivem em "bolhas culturais".

Somente uma instância *meta-histórica* pode ser uma instância crítica em face dos sistemas radicais e totalitários surgidos na história, embora esta instância ultrapasse o âmbito da razão humana.

O monoteísmo como tal não pode ser apontado como causa de guerras e violências registradas no passado, que aconteceram devido aos desvios dos ensinamentos religiosos ou ao uso político das religiões. Certamente pesou também a concepção monoteísta de cunho tradicionalista, exclusivista, conservador, aliado a um poder civil voltado para conquistas e domínios (colonialismo europeu). Note-se que o politeísmo vigente na Grécia antiga não impediu as guerras e ainda fazia refletir nos humanos as desavenças e as lutas que ocorriam entre suas divindades.

Como vimos até aqui, o monoteísmo bíblico é aberto e sensível à evolução da história, consciente de se expressar numa cultura concreta, histórica e, portanto, limitada e receptiva a novas representações. Pois toda cultura aponta para certas direções, deixando outras em segundo plano, ou simplesmente as ignorando. Nenhuma cultura exaure a potencialidade do ser humano. A ação do Espírito Santo que também acontece em outras culturas pode emergir e se manifestar *diversamente* em outras religiões devido às características culturais das mesmas, como categorias, mentalidades, expectativas, práticas sociais e orientações para a ação.

Embora constitua uma realidade específica por se encontrar no interior do próprio cristianismo, a fé cristã ao se inculturar nas diversas regiões do planeta certamente apresentará expressões e práticas diversas, inspiradas no mesmo Jesus Cristo e dinamizadas pelo mesmo Espírito Santo. Uma *pluralidade* que não impede a unidade cristã, mas que apenas a enriquece, já que não podemos confundi-la com uniformidade.

Naturalmente a compreensão de um único Transcendente em sua ação universal provoca o respeito mútuo entre as religiões, uma melhor convivência entre seus membros e uma maior colaboração para a paz e a justiça no planeta. Permanece, entretanto, ainda uma questão: Tem ainda sentido se falar de uma *missão* junto aos que não pertencem a uma determinada religião?

Esta questão já foi posta à Igreja Católica que procurou respondê-la através de um importante texto intitulado *Diálogo e anúncio* (1991), que procura justificar tanto o respeito com os demais credos religiosos quanto o imperativo de anunciar a pessoa e a mensagem de Jesus Cristo ao mundo. O cristianismo se afasta assim das conversões forçadas ou das perseguições religiosas do passado *oferecendo* ao mundo pluralista sua compreensão da criação, da vida humana e da história a partir das palavras e das ações de Jesus Cristo.

Na atual sociedade humana, cultural e religiosamente pluralista, a fé cristã constitui uma *oferta de sentido* para toda a realidade, já que interpretar a mesma é um imperativo intrínseco a todo ser humano. Ninguém vive sem interpretar o que se passa consigo e a sua volta. A interpretação cristã pressupõe sua verdade fundamentada na opção de fé e comprovada de dentro desta fé, desde que vivida autenticamente.

Naturalmente a invocação do mesmo Transcendente, do mesmo Mistério, em todas as religiões que mereçam de fato esta denominação, constitui um fator de união, de paz e de colaboração mútua em vista de uma *convivência humana justa e feliz*. Mas esta invocação não pode prescindir do relacionamento correto com o semelhante. Haverá também uma conduta de vida que apresente o caráter de universalidade nas religiões existentes? É o que veremos no próximo capítulo.

3

UM AMOR FRATERNO
UNIVERSAL?

Naturalmente, a referência a um Transcendente compartilhada pelas religiões, mesmo abrigando as diversidades já constatadas no capítulo anterior, será um fator decisivo para o comportamento das pessoas que o aceitam, o veneram, e lhe obedecem. Pois a aceitação de uma realidade transcendente implica já um modo determinado de compreender a realidade, que, queiramos ou não, sempre nos debruçamos sobre a mesma com uma prévia chave de compreensão pela qual obteremos as respostas para nossas questões existenciais.

Somos seres dotados de liberdade, construímos nossa autobiografia ao longo de nossa vida, encontramo-nos frequentemente em encruzilhadas vitais que exigem de nós opções pessoais, que serão realizadas em conformidade ou em desacordo com o sentido último de nossas vidas, aqui denominado de Transcendente. A fé em Deus, independente de sua representação humana, repercute necessariamente em nossa vida, em nosso agir, em nossos objetivos e sonhos.

Consequentemente, o ideal de uma humanidade unida e fraterna, a saber, com relações sociais sadias entre seus membros, relações que realmente permitam uma convivência no respeito mútuo, no amor recíproco, na justiça para com todos, exige, portanto, um comportamento ético correspondente.

Pois o Transcendente relativiza qualquer instância deste mundo, de cunho ideológico, cultural ou religioso, que pretenda se apresentar como instância absoluta para a vida humana determinando de antemão seu modo de vida. Sem mencionar que certos ideais civis que se apresentam como tais foram gerados num solo religioso, como o ideal da Revolução Francesa (liberdade, igualdade, fraternidade) ou a emergência da subjetividade no pensamento moderno.

Reconhecemos também que a própria razão humana pode alcançar normas de comportamento imprescindíveis para uma convivência humana pacífica e justa. O princípio kantiano, de tratar os demais como gostaria de ser tratado por eles, apresenta certamente um valor universal. Mas a razão não goza da força motivadora provinda da fé, como já foi observado até por pensadores agnósticos. A razão ilumina, a fé move.

Hoje vivemos numa sociedade dominada pelo fator econômico que produz uma cultura voltada para o lucro e a eficácia, gerando uma mentalidade de cunho funcional que silencia a questão do sentido último da existência humana. Desse modo, condena o ser humano a um individualismo crescente e a uma busca de satisfações imediatas, causas de injustiças, desigualdades sociais e violências. Daí a importância das religiões na construção de uma nova sociedade, enquanto representam *ofertas de sentido* para a vida humana.

Mais um motivo para procurarmos no âmbito das religiões uma norma de vida que possa ser considerada *universal*, atuando assim como fator fundamental de união, de paz, de colaboração; enfim, de amor entre os povos da Terra. Como não existe um espaço religioso neutro, deixemos logo bem claro que nosso estudo partirá de uma visão cristã deste tema.

Sabemos que Jesus Cristo revelou, em suas palavras e em seus gestos, o Deus a quem invocava como Pai misericordioso com um projeto de vida para toda a humanidade, por Ele caracterizado como *Reino de Deus*. Em suas parábolas ou em seus ensinamentos procurava sempre comunicar a seus ouvintes suas experiências pessoais com Deus, obtidas em suas orações ou percebidas em meio às suas atividades de pregador itinerante.

Em seu dia a dia procurava sempre corresponder ao projeto do Pai para a humanidade, contrariando mesmo a tradição religiosa dominante e provocando reações por parte das autoridades religiosas de então. O anúncio de um Deus que é Pai e ama sem condições todo ser humano vai ser *comprovado* pela pregação e pelo comportamento de Jesus diante de homens ou mulheres em situações de sofrimento, de humilhação, de abandono ou de marginalização. Sua conduta reflete assim a própria conduta de Deus para conosco.

Confrontado entre seguir uma norma religiosa ou atender alguém necessitado naquele momento, Jesus nunca hesitava: a preferência ia sempre para o semelhante humilhado pela doença ou pelo desprezo da sociedade. Desse modo relativizava a sacralidade do sábado ao curar neste dia (Lc 6,6-11), tocava em leprosos sem se purificar posteriormente (Mt 8,1-4), aceitava comer em casa de pecadores públicos, como Zaqueu (Lc 19,1-10), denunciava costumes religiosos que prejudicassem pessoas em necessidade (Mc 7,1-23). Podemos concluir que para Jesus ir ao encontro do ser humano em necessidade, seja ela qual for, era mais importante do que seguir normas ou práticas tradicionais religiosas.

Sua pregação irá sintetizar sua conduta ao resumir toda a lei e os profetas no duplo mandamento: amar a Deus e ao próximo (Mt 22, 34-39) que, afinal, constituem um só mandamento, pois o amor a Deus se comprova no amor ao próximo, como na Parábola do Bom Samaritano (Lc 10,29-37) ou na cena do juízo final (Mt 25,31-46), que deixa claro que amamos realmente a Deus quando nos sensibilizamos com nossos semelhantes em necessidade.

São João irá expressar incisivamente o que aprendeu de sua convivência com Cristo: não ama a Deus que não vê, quem não ama seu irmão que vê (1Jo 4,20). E São Paulo dirá o mesmo em seu hino ao amor fraterno (1Cor 13,1-13).

Consequentemente, Jesus Cristo desloca o "sagrado" de templos, de dias, de práticas e de celebrações, para o próprio *ser humano*, constituindo-o nosso indispensável mediador para respondermos à oferta de sentido e de salvação que recebemos de Deus. Assim o cristão se caracteriza como alguém que assume e faz sua a vida do Mestre de Nazaré, sempre solidário com os demais, sobretudo se necessitados.

Entretanto, o cristão não conseguiria reconhecer, professar e aderir a Jesus Cristo a não ser por força do *Espírito Santo* que possibilita esta sua fé em Cristo (1Cor 12,3), liberta-o do pecado (Rm 8,2) e da lei (Gl 4,4-7), orienta o seu agir (Gl 5,25) e lhe abre o acesso a Deus ao lhe comunicar a atitude filial de Cristo (Rm 8,14-16; Gl 4,6).

Depois do que vimos até aqui volta a questão posta no início: É a noção cristã de caridade fraterna uma *noção universal* que fundamente uma modalidade de vida comum a todos os povos da Terra? No caso de uma resposta positiva, reforçaríamos a possibilidade de uma humanidade mais unida, mais sensível às necessidades alheias, mais atuante para diminuir as desigualdades sociais, e mais promotora da paz entre as nações e da justiça no mundo.

Nossa questão obteve uma resposta positiva do Papa Francisco em sua Encíclica *Fratelli Tutti* com o termo "fraternidade". Dentro do contexto judaico-cristão designa o fato que somos todos filhos do primeiro casal, Adão e Eva e também criaturas do mesmo Deus. Já no

Novo Testamento vale não só para o compatriota, mas também para o discípulo de Cristo e mesmo até para qualquer ser humano em necessidade (Mt 25,31-46; Lc 10,30-37). Assim, o termo sofre já nessa época uma mutação semântica, aparecendo como uma meta a ser realizada, a saber, mais do que um fato, um *imperativo* em busca de realização. Trata-se, portanto, do modo como um ser humano deve se relacionar com outro.

Consequentemente, o amor fraterno constitui o coração da ética cristã e o critério salvífico decisivo (Mt 25,31-46). Embora saibamos através de Jesus (Mt 11,27) quem é Deus, revelado como Pai misericordioso (Lc 6,36), só temos, entretanto, acesso a um conhecimento *existencial* de Deus através do amor fraterno (1Jo 4,7s.).

A trilogia proclamada na Revolução Francesa – "liberdade, igualdade, fraternidade" – utiliza o termo "fraternidade" numa perspectiva sociopolítica, mas não consegue fundamentá-la prescindindo de sua raiz cristã.

O Papa Francisco pretende em sua encíclica apresentar o amor fraterno "na sua dimensão universal, na sua abertura para todos", mas consciente de que o faz a partir de suas "convicções cristãs" (*Fratelli Tutti*, n. 6).

Desse modo volta a nossa indagação inicial: Pode uma noção enraizada no cristianismo gozar de tal universalidade que possa ser assumida pelas demais culturas e religiões do mundo?

A princípio a resposta deve ser negativa. Pois qualquer noção só pode ser devidamente entendida no interior de um contexto sociocultural que se apresenta como seu horizonte de compreensão. Assim, todo conhecimento é conhecimento interpretado a partir de uma perspectiva determinada de leitura. Conhecer é interpretar. Daí a pluralidade das ciências. Reconhecemos, portanto, que as noções de caridade fraterna ou de fraternidade não constituem exceção desta verdade.

A história da humanidade nos ensina também que noções mais abrangentes para explicar a complexa realidade enfrentada pelo ser humano acabam por dominar e "engolir" outras mais limitadas. Religiões tribais foram assim incorporadas a religiões mais universais e mais potentes para interpretar a realidade. Mas este fato histórico não implica que só por isso possam estas últimas se apresentar como religiões universais.

Também devemos considerar que as religiões não são grandezas monolíticas, imunes à transformação e ao enriquecimento. De fato, elas são grandezas "porosas" que se transformam ao longo dos anos devido às novas situações que devem afrontar e explicar (fatores endógenos) ou mesmo pela proximidade com outras religiões e culturas (fatores exógenos). Nenhuma religião pode se considerar uma ilha isolada, imune à influência das demais.

Entretanto, em coerência com o que vimos antes sobre a importância do horizonte de compreensão ou da tradição cultural e religiosa respectiva, a noção cristã de caridade ou de fraternidade será necessariamente recebida, compreendida e expressa com matizes próprios devido ao contexto respectivo das diversas religiões.

Examinar a fundo cada uma delas ultrapassa nosso objetivo, seja pelo número de religiões no mundo, seja pela complexidade da evolução histórica de cada uma delas. Vejamos apenas alguns exemplos de modo muito breve e simplificado.

Nas *religiões naturais*, baseadas em clãs familiares e antepassados poderosos cultuados como heróis ou espíritos, o amor entre indivíduos se encontra integrado num mais vasto "nós" corporativo e a ser obedecido.

O amor na multiforme tradição piedosa do *hinduísmo* se encontra mais recentemente nas modernas interpretações das orientações éticas do Bhagavadgita. A primitiva relação entre o ser humano e seu semelhante, voltada para os da mesma casta ou parentesco, se torna por influência cristã entendida para todos. Igualmente o M. Gandhi com seu programa de não violência e bem-estar para todos apresenta um amor universal por toda a humanidade. Tal atualização experimenta também o S. Radhakrishna.

No *budismo* o amor, para além da família, se dirige a tudo o que tem vida. O processo para chegar ao nirvana é acompanhado de um amor compassivo para com todos os seres que ainda lá não chegaram. Depois recebe um sentido de solidariedade social efetiva. O budismo moderno (Budismo Mahayana) baseado no amor ao próximo, apresenta um comportamento social determinado. Igualmente no zen-budismo, embora na busca pelo ideal do vazio (Suniata) não haja diferença em centrar a própria existência em si mesmo ou no outro.

A benevolência encabeça a lista das virtudes *confuncianas*, embora limitada pelas relações com o clã ou pelas conveniências sociais. Também na mística *mulçumana* se encontra o amor ao semelhante, pois a caridade através de esmolas aos necessitados constitui uma das bases fundamentais desta religião.

Embora encontremos traços comuns nas diversas religiões, as reais diferenças, apesar da proximidade atual das mesmas e da influência recíproca, dificultam sobremaneira erigirmos a noção de caridade cristã, ou de fraternidade, a noção universal. Pois esta noção está inevitavelmente inserida num universo religioso determinado com sua teologia específica que lhe confere seu sentido autêntico e o justifica. Seria possível resgatar desta noção, mesmo diversamente caracterizada nas diversas religiões, um fundo comum, um *objetivo por todas aceito*, uma noção que motivasse o empenho de todas elas por um mundo melhor? Vejamos.

Vivemos hoje num mundo dividido pela diversidade de culturas, de mentalidades, de religiões, situação esta agravada pelas cicatrizes de guerras e de humilhações ocorridas no passado que muito dificultam uma convivência pacífica entre os povos. Além desse fator, experimentamos em nossos dias a hegemonia do fator econômico de cunho neoliberal na vida social, que ocasiona a concentração das riquezas nas mãos de uma minoria, aumenta as desigualdades sociais, provoca guerras para favorecer a indústria bélica, destrói a natureza e prejudica o meio ambiente. Constata-se também um individualismo cultural dominante, que diminui sobremaneira a sensibilidade humana para com seus semelhantes que estejam vivendo situações de sofrimento e de carência.

Como podemos constatar, as organizações internacionais, como a ONU em suas diversas atividades, não conseguem fazer valer suas recomendações e seus apelos em favor da paz e da justiça. Já a complexidade dos desafios exige o emprego conjunto de soluções, também altamente complexas, que impedem ser acolhidas por todos os participantes. Falta algo que provoque, motive e dinamize a colaboração de todos em vista de uma meta por todos ansiada, a saber, um mundo com mais paz e justiça.

Diante da lógica que absolutiza a eficácia e a produtividade relegando o ser humano a um fator secundário na sociedade, as religiões enquanto vinculadas a um Transcendente não se submetem a esta lógica fria e hegemônica. Portanto, aparecem como *instâncias críticas* no mundo de hoje. Pois em todas elas podemos encontrar, naturalmente com matizes diversos, o reconhecimento da *dignidade humana*.

A começar pelo cristianismo, mesmo que ao longo de sua história tenha, por vezes, contradito em atos o que pregava em palavras. Pois Jesus Cristo proclamou e realizou o que chamava "Reino de Deus", a saber, a humanidade querida por Deus com seus membros vivendo em paz e como irmãos. Para Ele o fundamental na religião não eram as práticas, observâncias ou celebrações religiosas, mas sim o ser humano.

Para Ele, ter fé era se sensibilizar com a situação do próximo em necessidade, como o episódio do centurião romano (Mt 8,10), da mulher cananeia (Mt 15,28) ou ainda do leproso agradecido (Lc 17,15). Portanto, o amor fraterno, ou o cuidado com o outro, como hoje expressamos, é condição necessária para o culto a Deus ou para a salvação própria. O mesmo vai ser enfatizado por São Paulo (1Cor 13,1-13) e por São João (1Jo 4,7s.).

Poderia esta fundamentação cristã da dignidade humana também estar presente e atuante nas outras religiões? Certamente uma questão fundamental, pois a mesma apresenta uma reivindicação de cunho *universal*.

A fé cristã confessa que a pessoa de Jesus Cristo foi iluminada e fortalecida pelo Espírito Santo, que o levou a pregar e realizar o Reino de

Deus com ensinamentos e ações em favor dos seres humanos que encontrava. De fato, uma vida de amor ao próximo, de serviço (Mc 10,45) e um ensinamento profundamente humanizante (Mt 5,1-12.21-48).

Esta ação do Espírito Santo será descrita e enfatizada por Paulo na Carta aos Gálatas (Gl 5,22-25). Entretanto, ela não se limita ao interior do cristianismo, pois, como a do vento que sopra onde quer (Jo 3,8), ela se mostra *universal*. Este fato explica a presença de elementos da fé cristã em outras religiões, como reconheceu o Concílio Vaticano II (*LG* 16; *AG* 15), que também remeteu à ação do Espírito Santo as atividades humanas a favor da vida, da justiça e da paz em prol de uma sociedade mais humana (*GS* 10). Assim o Papa João Paulo II pôde afirmar que o Espírito Santo atinge povos, culturas e religiões (*A Missão do Redentor* 28).

Observemos, contudo, que esta ação universal do Espírito Santo, mesmo sendo experimentada pelo ser humano, não pode prescindir do contexto sociocultural no qual o mesmo se encontra. Ele usará inevitavelmente a linguagem disponível para expressar sua experiência pessoal. Entendemos aqui por linguagem a tradição cultural e religiosa na qual ele vive, com suas práticas sociais e organizações comunitárias.

Consequentemente, a mesma ação universal do Espírito Santo poderá receber expressões e práticas diversas conforme os variados contextos culturais e religiosos onde acontece. A noção de caridade fraterna, tão evidente e convincente para o cristão, pode não o ser para adeptos de outros credos religiosos, já que eles entendem, expressam e vivem a ação do Espírito Santo no interior de outra tradição.

Este fato dificulta bastante nosso objetivo de apresentar um modo de vida ou uma práxis que seja realmente universal, presente em toda parte, unindo culturas e religiões em prol de uma sociedade pacífica e justa. Mas, por outro lado, pode enriquecer a noção cristã do amor fraterno, também situada num horizonte determinado, a saber, judaico-cristão, que expressa, mas também limita sua compreensão por se tematizar dentro desta tradição particular.

De fato, a ação do Espírito experimentada e expressa em outros contextos pode apresentar vivências e expressões específicas, impossibilitadas de emergir devido aos limites do horizonte judaico-cristão, que poderão aumentar e mesmo enriquecer seu conteúdo semântico. As transformações sucessivas de suas expressões e práticas experimentadas pelo cristianismo ao longo de sua história comprovam o que afirmamos.

Com outras palavras, as expressões e práticas cristãs são verdadeiras, mas não exaustivas e definitivamente perfeitas. Podem desvelar, mas também velar certos elementos, imersos ou ignorados, que outras perspectivas de leitura os farão emergir. Igualmente a compreensão cristã poderá influenciar e aperfeiçoar as leituras das outras religiões, como realmente a história nos comprova.

Chegados até aqui, deveríamos desistir de buscar uma práxis de vida que realmente se apresente como universal? Mas existe alguma noção que seja *realmente* universal: normas, mentalidades, comportamentos, organizações familiares, instituições sociais? Pois a própria compreensão dos assim chamados "direitos humanos" recebe conotações diversas em determinados povos.

Por outro lado, é urgente que a humanidade se una em torno de um valor, de uma motivação, de um objetivo realmente universal, que congregue os esforços de todos em vista da sobrevivência da própria espécie humana. Pois caminhamos para a extinção dos recursos naturais, para a destruição do nosso próprio habitat, para o crescimento das desigualdades sociais, para contínuas guerras e violências, para a concentração do capital em mãos de uma minoria com prejuízo para a maioria mais necessitada.

No fundo, trata-se de salvar o próprio ser humano, um *humanismo* aceito por todos; trata-se de considerar o próprio semelhante em sua dignidade, em seus direitos, qualquer que seja sua condição social, racial, religiosa ou econômica.

Para o cristão, o comportamento e a pregação de Jesus Cristo realizaram este ideal profundamente humano, ao qual se manteve coerentemente fiel até sua morte. Poderíamos mesmo afirmar que o autêntico cristão é humano e que o autêntico humano é cristão, embora reconheçamos que ao longo de sua história o próprio cristianismo não o tenha vivido como deveria.

Numa ótica cristã esta luta pode e deve ser empreendida por todos os povos e por todas as religiões, pois o Espírito Santo está em ação por toda parte inspirando e motivando a todos para a construção de uma humanidade fraterna e justa, embora, como vimos anteriormente, as realizações concretas deste dinamismo de fundo possam diferir.

Sabemos que esta meta não pode ficar confinada à esfera moral como um imperativo ético que ignorasse as indispensáveis mediações para sua realização, de cunho cultural, econômico ou político. Pois não é novidade que a economia hoje não mais esteja voltada para o ser humano e sim para o lucro, ou que a sociedade se encontre órfã, pois seus representantes estão voltados para objetivos pessoais, provocando a atual crise da democracia representativa e promovendo regimes totalitários.

É fundamental e urgente que o cristianismo faça da realização do Reino de Deus sua meta primeira, como o fez o próprio Jesus Cristo, o qual sempre priorizou o ser humano em necessidade, e não tanto a observância de tradições e normas religiosas de seu tempo. Como já observamos, Jesus Cristo deslocou o sagrado para o próprio ser humano, pois é por Ele que encontramos a Deus, como deixou bem claro em seu ensinamento (Mt 25,31-46; Lc 10,29-37; Mt 15,1-9; Mt 5,23s.).

A pessoa e a mensagem de Jesus Cristo são fascinantes, atraentes e muito atuais. Porém, a insistência predominante em expressões doutrinais, morais, jurídicas deste núcleo, frequentemente numa linguagem incompreendida para muitos, satisfaz os mais inseguros defensores de um tradicionalismo estéril, mas diminui ou anula a verdade da vida e da pregação de Jesus Cristo.

As demais culturas e religiões não são para serem conquistadas e dizimadas diante de uma suposta superioridade cristã. Elas também têm o que nos ensinar e devem ser respeitadas num autêntico diálogo inter-religioso, mesmo que o outro lado tenha dificuldade com o mesmo.

A missão continua, pois esse foi o mandato de Cristo, essa é a finalidade do cristianismo. Mas não uma missão de conquista, e sim de oferta da mensagem cristã de um Deus Pai de todos, que busca a felicidade de homens e mulheres e que conta com mediações humanas para levar a cabo o seu projeto para a humanidade. O cristianismo tem identidade própria, é uma religião particular entre outras, mas tem em si um *dinamismo universal* para uma real humanização da sociedade. Na atual sociedade pluralista sua fidelidade a este dinamismo justificará sua existência, esclarecerá sua identidade, motivará a adesão de muitos à causa do Reino de Deus, independente de seus credos religiosos.

A causa do Reino é a causa pelo futuro da humanidade, que gera uma práxis que pode ser considerada universal: todo ser humano é meu próximo, e como tal deve ser amado e respeitado.

Numa sociedade em crescente secularização o cristianismo será significativo e pertinente por sua mensagem e ação humanizante que, afinal, sintetizam a pregação e a atividade de Jesus Cristo pelo advento do Reino de Deus.

As encíclicas do Papa Francisco *Laudato Si'* e *Fratelli Tutti* dirigidas não somente a um público cristão, mas a *toda a humanidade*, confirmam a responsabilidade do cristianismo em face da dramática hora vivida pela sociedade mundial. A fé cristã deve despertar esperança, fundamentar iniciativas e aproximar os povos em busca de paz e justiça para todos.

O futuro do nosso planeta depende da união e do compromisso de todos nós que relativizamos as realidades terrenas em face do Transcendente, embora diversamente invocado, e somos igualmente motivados a fazer o bem a nossos semelhantes, sobretudo aos mais necessitados. A esperança cristã de uma felicidade plena e futura começa a se tornar realidade nesta vida, distinguindo-a de qualquer sonhada utopia. E é tarefa de todos nós.

BIBLIOGRAFIA BÁSICA

CASTILLO, J.M. *El Reino de Dios – Por la vida y la dignidade de los seres humanos.* 4. ed. Bilbao: Desclée de Brouwer, 2002.

FRANÇA MIRANDA, M. *Vislumbres de Deus.* São Paulo: Paulinas, 2019.

FRANKEMÖLLE, H. *Gott glauben: jüdisch, christlich, muslimisch.* Freiburg: Herder, 2021.

PANNENBERG, W. *Teologia sistemática II.* São Paulo: Academia Cristã/Paulus, 2009.

PAPA FRANCISCO. *Carta Encíclica* Laudato Si' *sobre o cuidado da casa comum.* São Paulo: Paulus/Loyola, 2015.

PAPA FRANCISCO. *Carta Encíclica* Fratelli Tutti *sobre a fraternidade e a amizade social.* São Paulo: Paulus, 2020.

ROUET, A. *Croire, mais en quoi? – Quand Dieu ne dit plus rien.* Issy-sur-Seine: De l'Atelier, 2019.

TAYLOR, C. *Uma era secular.* São Leopoldo: Unisinos, 2010.

TEILHARD DE CHARDIN, P. *O meio divino.* Petrópolis: Vozes, 2010.